今夜有酒

劉 小 梅 著

文史哲出版社印行

國家圖書館出版品預行編目資料

今夜有酒 / 劉小梅著. -- 初版. -- 臺北市：文史哲, 民 92

面： 公分 -（文史哲詩叢；59）

ISBN 957-549-534-9(平裝)

851.486 92022145

文史哲詩叢 59

今夜有酒

著 者：劉 小 梅
出 版 者：文 史 哲 出 版 社
http://www.lapen.com.tw
登記證字號：行政院新聞局版臺業字五三三七號
發 行 人：彭 正 雄
發 行 所：文 史 哲 出 版 社
印 刷 者：文 史 哲 出 版 社
臺北市羅斯福路一段七十二巷四號
郵政劃撥帳號：一六一八〇一七五
電話 886-2-23511028・傳真 886-2-23965656
實價新臺幣二〇〇元
中華民國九十二年(2003)十二月初版

ISBN 957-549-534-9

梅子熟也
——品味幾首梅子小詩

資深名詩人 管管

讀罷劉小梅「今夜有酒」詩冊，不禁叫人想起馬祖大師與大梅法常禪師一段禪宗公案來，即是初見馬祖「即心即佛」後又聽僧言「非心非佛」之話頭，大梅聽後說道：「這老漢惑亂人未有了日，任他非心非佛，俺祇管即心即佛」。馬祖聽後說了一句：「梅子熟也」。

當然，年過四月南投埔里梅子可眞熟了，梅子如詩乎酸甜可口，也不過到曹操與劉備青梅煮酒論天下英雄境界耳。那劉備算不得英雄，他不知詩也。曹公知詩，一直影響到毛潤之寫「而今秋風今又起，換了人間」的名句，可不眞的換了他爹的人間了也。「散心」一首是一枚可品梅子前寫的。

「漫步湖濱／冷不防／被垂柳吻了一記。」如果再寫上「都是風／幕後主使。」大梅便說：「這個梅子便品到核了。」這可是大梅說的，那就到「核」便丟。不捨得不能成佛也。

喜歡邀賞「散步」這首如八陣圖之極簡筆意。這才是不著一字，盡得風流哪。「秋辭」五首皆得道之作，而「散步」成了佛！能不能狠心的去核留梅？撚斷幾根煩惱絲，很難以割捨吶。向來批說容易創作難，梅子已經熟了，枚枚皆耐人尋味也。可也不見得剪不斷，理還亂。如果「繪事後素」是指白描「白」寫，你是行家，淡味難調極哉！

「戀歌」喜歡之一、之二、之四。這一首可以比美夏宇那首「甜蜜的復仇」。戀歌之五全句「而詩／就成天這麼踉蹌著」。之六「都好，就是把『心』拿出來覺得就『安』了」。之七、之八妙。之十也好，只是把「床」上弄上一些「壞」，除非唱「擊壤歌」，要不把「三十功名塵與土」彈掉，好吃接風酒。之十一、之十二都好，但不驚人，寫詩的老輩說詩不驚人死不休，結果杜老爺命喪黃泉，謠傳是吃牛肉乾撐死的，所以寫詩的都怕吃牛肉。

「漫步」之一「家裡爐上那鍋青春／早燉爛了」金銀不換。如果你亂寫成「漫步／在街道／突然想起／啊／家裡爐上那鍋青春，早燉爛了」是鑽石了。

之二、之四、之五、之六、之七、之十，都是「台大」生。尤其之十「與青苔／聊了一晚上的詩／終須話別／她也淚汪汪／哭濕了我的衣裳」，那句「即是斷腸」，是「被幾行文字絆了一跤」的文字。

寫詩的都像娘，就怕人家不「明白」，這錯了，這樣下去孩子會長不大。

我從二點五十寫到六點，累了不想寫了，管領風這首詩來要抱抱了，我面對這首小詩無法抗拒。

「紅塵速寫」一百帖，佳作泉湧如趵突，如之七、之八、之十三、之十五、之十六、之十七、之二十、之二十二、之二十六（好，著相了）、之二十七、之二十八、之三十、之三十六、之四五、之四八、之五七、之五九、之七八、之八十、之八六、之九四，實在佩服如此詩思泉湧，且佳作連連。

詩人這行當，想來想去是人類中一種，若說他是一種動物，那就像日本人說的，一種吃夢的貘吧？這可是無用之用了也。

喜歡小梅的「小」詩，不太喜歡她的「中」詩，可這些詩又見出了他的悲天憫人！何其不幸生爲人，更生爲詩人，不會刀俎，便成魚肉！而更不幸，明明在刀俎之下，卻爲旁人之魚肉，喊救如杜甫等等，古往今來的詩人們怎會如此這般的勸屠夫放刀呢？放下屠刀，立地成佛都不幹呀。

黃檗禪師有首詩，後兩句是「不受一番寒澈骨，怎得梅花撲鼻香」。看來要去合歡山雪裡凍一凍，或者山東騎著單車尋梅了。要冷，詩才會暗香浮動乎！小梅呀，這序毫無序味，請諒詩諒，我向來不會寫這些綠豆芝麻大事。湘南潭州有一黃鐵匠，他打一鎚鐵，抽一下風箱，都念一聲佛，他留下一偈有趣：「叮叮噹噹，久鍊成鋼，太平將近，我往西方」。二〇〇三年四月二十八日邋遢齋。

「散步」：「走著走著／啪噠一聲／秋／已老掉了牙」。

無酒亦眞，有酒益眞

名詩人
詩論家 蕭　蕭

眞善美，是我們時常朗朗上口的三個字，文學追求眞善美，人生追求眞善美。但是我們是否思考過爲什麼先眞而後善、美？如果失眞，其後可能善或美嗎？

有人說，一個人如果身心健康，那人生的價値就創造了一個「一」，「親情」是接下來的那個「〇」，有了健康、親情，生命就「十分」可愛！如果再加上第二個「〇」——親愛的朋友，那就是一百分圓滿的人生；繼續加上第三個、第四個「〇」——「財富」與「人文素養」，那就累積爲千分美麗、萬分美滿的人生了！只是，不要忘記：沒有健康的那個「一」，親情、財富等等，不論多厚多重，人生永遠都只是「〇」。

所以，眞就是「一〇〇」、「一〇〇〇」、「一〇〇〇〇」分中的那個「一」。沒有了「眞」，善，只是僞善；美，只是打腫了臉所充的那個胖子，站在塗了很多白粉的那堵土牆旁邊。沒有了「眞」，善，只是慈善家樂捐一百萬之後與放大的支票合照的那張笑臉；美，只是虛有其表。

中庸上說：「不誠無物」，誠，就是眞實無妄；不誠就是不眞，不眞，文學是零，人生是零。

最近閱讀劉小梅的新作《今夜有酒》，短短兩年內，竟寫出一六八首詩，不是因爲她是一個多產的詩人，而是因爲她的詩作篇篇有感而發，生活中的偶遇、社會上的新聞，總是一再觸動她靈敏的心，隨手擷取，隨意揮灑，佳作就這樣源源不絕奔湧而出。整本詩集的寫作態度與成果，以一個字來概括，那就是「眞」字：無酒亦眞，有酒益眞。看不出「今夜有酒」的「酒」字所發酵出的作用，但處處感覺得到詩中瀰滿的「眞」意。

紅塵速寫是劉小梅詩的正軌／因爲心意眞

《今夜有酒》中最受人重視的應該是〈紅塵速寫〉一百帖，持續以詩關懷衆生，持續以詩紀錄社會，在詩人群中未見有意志力如此堅定不移者。或者我們可以這樣說，劉小梅的詩集《雕像》、《今夜有酒》等等，其實都是紅塵速寫，劉小梅的詩不離生活，事事有所本，因此即使跳開〈紅塵速寫〉一百帖，我們看到的詩作仍然是紅塵裡的速寫，或一首，或五帖，或凡常行事，或特殊變故，都在塵俗中，生活裡。

凡常如漫步，她可以寫出〈漫步十帖〉，其一：「漫步／在熟悉卻又陌生的街道／突然想起／啊／家裡爐上那鍋青春／早燉爛了」。從漫不經心的散步驚覺到爐上燉煮食物卻未關爐火的惶急，一轉卻轉到青春的流逝，讓人啼笑皆非，不知是要趕回去關了爐火正確？還是繼續漫步才是人生？至於燉爛的那鍋青春，留有香氣，還是不堪聞問？可讚還是可歎？劉小梅不給讀者任何暗示，她依舊漫她的步。漫步到綠牆邊，又有新發現，其二：「綠　迅速蔓延／牆　呼吸急促／我兩手一攤：／看天」，爬牆的綠色植物佔滿整堵牆，牆是受到保護還是受到威脅？把鳥籠打開讓鳥飛出，是鳥還是鳥籠得到自由？小詩寫手非馬曾經這樣思考，漫步的劉小梅卻兩手一攤：「看天」。她看天，她漫步，我們卻陷入沉思。我們陷入沉思，她仍看天、漫步，漫步到一叢花前，又有新命題，其三：「花正在對衆生佈施／以她的美／我停下略感疲憊的腳步／仔細聆聽她溫柔的心跳／／突如其來的飛石／砸碎了她奉獻土地的夢／但／連死亡她都在忙著／以身說法」。漫步看到花的美，她覺得那是一種佈施、溫柔的心跳，她停下腳步接受佈施。一般人會停在此處讚賞花、讚賞美，讚賞「色」，劉小梅卻在花美中看到死亡，看到「空」（突來的飛石砸碎了她的夢）。一般人會再度停在此處哀傷生之脆弱、哀傷死亡，劉小梅卻在「空」中又看到了「色」，她說花藉著死在說法，隨著她的詩句彷彿又有一些悟境在招引著我們……

凡常漫步如此，特殊變故如颱風假，她仍然有新的觀察，新的視野提供我們沉思。如〈颱風，東北東〉寫多出來的颱風假做什麼好呢？即使失業，「也得忙著被親友數落」；即使詩集滯銷，也得讓詩人「彷彿很忙地被崇拜著」；即使業績慘跌，也得讓老闆「彷彿很忙地被青睞著」；即使人窮志短，也得讓從未有過緋聞的人「彷彿很忙地被愛戀著」。這樣的詩句中有著嘲諷、有著心酸、有著悲憫，是紅塵的速寫，是常民的小傳，是詩人悲憫之後不得不然的曠達。

心境素描是劉小梅詩的通路／因爲情意眞

不誠無物。要看一個人心中是否眞實無妄，誠或不誠，那就要看他是否誠於心，是否對自己眞實而無欺罔。

喜怒哀樂之未發，謂之「中」，發而皆中節，謂之「庸」。這是修養的極致，卻不是文學的底層。文學的「誠」是忠實面對自己的喜怒哀樂、愛憎惡欲，忠實面對自己的小憂小懼、小得小失。劉小梅的《今夜有酒》，豁達撥弄社會萬象，卻細膩處理自己的情意，處理越細膩，越見其眞。或許就像她自己在〈戀歌〉中說的：「這才發現／連時間／都埋葬不了／對你千迴百轉的思念／／唯將／淚／典藏於／詩的皺紋裡」（〈戀歌之八〉），她的詩典藏著許多千迴百轉的思念，但是，思念長，詩卻不一定長，以她集中最短的兩行小詩來看看戀情之眞。

夜在蒸發
只因飲你無度

——〈戀歌之七〉

「夜在蒸發／只因飲你無度」。蒸發，是因爲有液體、熱度兩個條件，才可能蒸發。熱度當然是情愛的光熱促使溫度升高，蒸發的是什麼液體，卻有衆多可能。如詩集集名爲《今夜有酒》，液體最可能是「酒」，溫度升高的原因除了情愛的光熱，又增加喝酒的因素。「夜在蒸發」的液體也有可能是「淚」，「飲你無度」是指思念太深，思念太深而無法相見，使人感傷而落淚。蒸發，如果是「汗」呢？不無可能，「只因飲你無度」而汗流不停，這時，戀情詩一變而爲激情詩、情色詩，性與愛，兩不離，蒸發的是兩人身上交互往來的體溫、汗液，讀者閱讀的體溫也因而增昇。

但不論是何種液體蒸發，蒸發的意象卻是綿綿不絕，讓我們也感受到情意綿綿不絕；蒸發的另一個意象卻是在飄渺中消散逸失，無可追尋，這一層感受則使心頭的惆悵久久不去。

「飲你無度」的「飲」字，顯現了「愛」的優雅。這會讓我們輕易想起夏宇的〈復仇〉，「將你的影子加點鹽／醃起來／風乾」，這樣的久藏設計，不是爲了保存風味，而是爲了「老的時候／下酒」。注意，是「下酒」，不是「下飯」。「下酒」，有一種說不上來的情意悠長的氣息；「下飯」，則是「柴米油鹽醬醋茶」（其中無酒）的凡常、傖俗。是「飲」，不是「吃」；是「下酒」，不是「下飯」；都具現了是「詩」不是「散文」那種高度的優雅。

最爲狂野、肆放，最是眞摯、無與倫比，則是「無度」二字。在情感抒發的過程裡，永遠不需要忌諱，不需要節制，有多少，揮灑多少，才是「情眞」「情深」的眞諦。

短短兩行詩，蘊含多皺摺的情意空間，可以再三低迴。

劉小梅的情路，依詩而言，似乎也不那麼順遂，不過，類近於以詩寫日記的人，〈紅塵速寫〉一百帖中常常可以見到情意的眞正鋪展，心境的小小素描。如「終宵傾耳／等待／戀的腳步／一打盹／歲月已叫賣而過」（〈紅塵速寫之十五〉），嗟嘆青春易逝，也不過一打盹的功夫。如「爲歲月的殘顏修面／在爐邊／並且將寒冷的言語／烤暖／看看／春天還有多遠」（〈紅塵速寫之三十〉），則又對春天的欣欣之意容易向榮充滿期待。這樣的心境寫眞，據實轉折，是劉小梅詩作的寬廣大道，最宜奔馳。

棄疾變格是劉小梅詩的別趣／因爲生意眞

女性詩人有傳統婉約如蓉子、敻虹者，有超越男性積極倡導女權如顏艾琳、江文瑜者，但是罕有像劉小梅這樣大剌剌以生活語言直接入詩，衝破性別框架，形成特殊景觀，創造出屬於個人風格的語言特質。

如稱月亮是「營業中」的月亮，說她「生意興隆」是因爲「童叟無欺」（〈紅塵速寫之六〉），如形容智障男子「舌頭打結」，在屋簷下竭盡所能「拚經濟」（〈紅塵速寫之二十五〉），如敘述行人的呼吸都噴著一股寂寞，「環保官員」也不知如何「取締」（〈紅塵速寫之七十四〉），如晨起蹓狗，人與狗熱情互動，她疑惑：「不知牠使用的是母語還是普通話？」（〈紅塵速寫之九十九〉）。這些「母語」、「普通話」、「拚經濟」、「童叟無欺」等等，是不具傳統美學價值的語言，不爲一般女性作家所駕馭的詞彙，但在劉小梅詩中總是那樣自在而流利，既有嘲諷的可能，又有悲憫的不忍，這種「變格」的作風，不能不令人想起南宋辛棄疾應用四書五經的揮灑自如：

> 進退存亡，行藏用舍。小人請學樊須稼。衡門之下可棲遲，日之夕矣牛羊下。　去衛靈公，遭桓司馬。東西南北之人也。長沮桀溺耦而耕，丘何爲是栖栖者？
>
> ——〈踏莎行・賦稼軒，集經句〉

君子「用之則行，舍之則藏」、小人「樊遲請學稼」，都是《論語》上的句子；「衡門之下，可以棲遲」、「日之夕矣，牛羊下來」，直接引用《詩經》；「去衛靈公，遭桓司馬」

是《孟子》書上記載孔子當厄的窘況；「今丘也，東西南北之人也」是《禮記•檀弓》孔子自述之語；最後又回到《論語》的典故，以長沮、桀溺的耦耕，對比孔子栖栖惶惶不足取，用以襯托「稼軒」命名的用意。整闋詞都以「未經消化」的經書句子直接引入詩詞裡，在以婉約爲正宗的宋詞思潮中獨樹一幟，是以將軍的快馬奔馳在蜂喧蝶舞的花園中，「殺風景」而成爲另一種風景，極不似而成爲另一種神似。

劉小梅硬生生的「營業中」的月亮，「舌頭打結」的智障男子，是變格棄疾的現代版，我以爲這是「生意」的盎然所衝撞，不是「生澀」的乾筆所造就。只是，該繼續闡揚以成大家，或是留照存證見好就收，這就要看詩人自覺的識見到底有多深？

不過，「眞」字寫出來的那個「一」，已在劉小梅的詩路上畫下深深的刻痕，劉小梅倒是眞的可以思考要添加什麼樣的「〇」，累積分數。

——寫於二〇〇三年五月SARS猖獗時

今夜有酒　目錄

●卷三：息影之後

●卷四：附錄

卷一：紅塵速寫

秋辭（五帖）

◎之一：午茶

涼風邀我午茶
蜜蜂捎來伊的影子
一不小心掉落在地
嚇出一身冷汗的我
趕緊將它拾起
以免被秋的新履
踏碎

◎之二：落葉

落葉嘆息而亡
歲月哽咽著收藏起

她們的「曾經」

而秋
卻毫無歉咎地
揚長而去

◎之三：犁詩

犁詩
動員所有細胞
預支十年血汗
日日夜夜
分分秒秒
猛抬頭
秋　已熟透

◎之四：秋雨

雨把秋惹得

嚎啕大哭
猶不肯罷休
秋苦苦告饒
雨說
我還要糾纏妳
生生世世

◎之五：散步

走著走著
啪噠一聲
秋
已老掉了牙

——曾刊於「人間福報」副刊

戀歌（十二帖）

◎之一

而夜
連哭泣的心情都沒了
當月遠走高飛

◎之二

從此
老愛坐在那家餐廳那個角落
點一客回憶
細細咀嚼你的顏容
直到侍者頻催
才拎起你的影子

孑然而去

◎之三

驅逐你的影子
如嚴冬掃雪
終夜
就這麼馬不停蹄地
忙著
但卻毫無成果

◎之四

將你說過的話
一字不漏地
封入錦囊
發酵
如釀一甕醇酒

待老時
獨酌
不邀梧桐
和
月牙

◎之五

除了在落日耳邊傾訴
歲月
唯酒
而詩
就成天這麼踉蹌著

◎之六

將你的影子疊好

鎖在心櫃裡
閒時
翻看
每種款式
都那麼別緻

◎之七

夜在蒸發
只因飲你無度

◎之八

這才發現
連時間
都埋葬不了
對你千迴百轉的思念

唯將

淚
典藏於
詩的皺紋裡

——曾刊於「乾坤詩刊」

◎之九

相思的定義
是否恆等於
獨坐到天明
能否改寫方程式

◎之十

種你的影子
於床壤
詩心便稠了

聽

花謝
也有了音階

——曾刊於「乾坤詩刊」

◎之十一

是否又在飯後散步
遣一盞燈
為你探路
小心
別被歲月絆倒

◎之十二

不問歸期
由它日出日落
你帶走了桃紅
就讓柳綠伴我

詩

茹素

漫步（十帖）

◎之一

漫
步
在熟悉卻又陌生的街道
突然想起
啊
家裡爐上那鍋青春
早燉爛了

◎之二

綠　迅速蔓延
牆　呼吸急促
我兩手一攤：

看天

◎之三

花正在對眾生布施
以她的美
我停下略感疲憊的腳步
仔細聆聽她溫柔的心跳
突如其來的飛石
砸碎了她奉獻土地的夢
但
連死亡她都在忙著
以身說法

◎之四

眼睛逛街
一不小心

被幾行文字絆了一跤
我趕緊將它們清除
以免後人
遭殃

◎之五

五臟空空
什麼也沒攜帶
除了風

獨行踽踽
誤入這高樓林立的迷宮
赫見一招牌
迅將胃囊填滿
原來它賣的是
鄉愁

◎之六

「營業中」的月亮
嘴角始終掛著微笑
生意興隆
是因她
童叟無欺

◎之七

鞋子笑得好開心
一趟散步回來
他已完成一樁
最具可信度的
民意調查

◎之八

相逢

在松江路
與失約多年的濛濛細雨
一點也沒發福的他
卻老嚷著要減肥
我說
早已記不清他的腰圍

◎之九

一株樹
向我哭訴
總是被風欺侮
我拍拍他的臂膀：
你依然健壯

◎之十

與青苔
聊了一晚的詩

終須話別
即使斷腸

她也淚汪汪
哭濕了我的衣裳

紅塵速寫（一百帖）

◎之一

天空嚇得不敢安眠
星星終夜荷槍站崗
屋脊愁容滿面
信封淚汪汪直呼冤枉
安妮歇斯底里
問大衛
我們還能不能
讓貝比出生

——寫於美國九一一事件之後

◎之二

殘忍
溢滿螢幕
人命比一斤蔥廉價
破案
得等時間旅行回來

◎之三

在雨的強力抨擊下
鳥兒縮首斂翅
等得不耐煩的美食
疲倦地打起呵欠

◎之四

酒　飲我
菜　食我
燭　燃我
炮　驚爆我

一場福祿壽喜的婚宴
遂將我
點點滴滴
凌遲

◎之五

詩人們都去大拜拜了
遠方為聖戰而劍拔弩張
胚胎中的詩
正在思索
該如何表態

◎之六

颱風謀殺了月餅
生活將阿明毀容
輿論收押了官員
邪惡讓正義喪膽

憂鬱的中秋問媽媽
哭泣
要不要購票入場

——曾刊於「乾坤詩刊」

◎之七

久未登台的蟋蟀
整晚都在賣力吊嗓
這次不為票房
而是
募款療傷

◎之八

寂寞將河堤擠爆
孤獨將月亮摔碎
看熱鬧的星子
慎重其事討論著

今晚返家
有無捷運可搭

◎之九

孩子們在庭院
搶奪童年
勝負的獎品都是
一籃歡笑

——曾刊於「人間福報」副刊

◎之十

如蛇
海　匍匐前進
她在鍥而不捨地追尋
當年狠心拋棄她的
歲月

◎之十一

時間　累了
歇歇腿喘口氣
他正在苦思
該如何創造
後半生的歷史

◎之十二

該如何突破
局限
一俯首
拾起的仍是
和上本詩集同樣款式的
貧乏
而尺寸
卻更加放大

◎之十三

機械般的手臂
片刻不停地鏟
一鍋栗子
炒出那販子
一身
酸

◎之十四

白天下台了
這是我的任期
夜晚說
出場吧
端出彩排多次的絕技
快去看看

民眾滿意度

◎之十五

終宵傾耳
等待
戀的腳步
一打盹
歲月已叫賣而過

——曾刊於「乾坤詩刊」

◎之十六

碎心萬段
被一份剪報

一隻遍體鱗傷
連乞憐都搖不動尾巴的
流浪狗

蜷在懷中天真無邪的
九張乳口齊聲問：
阿母
咱們午餐吃什麼

◎之十七

心煩
無關咳嗽與髮式
或者虛無主義

砰地一聲
將門鎖上
至於那深情款款的黃昏
就讓他在外
淋雨吧

◎之十八

光溜溜等待沐浴的
植物人
眼睜睜看著訪客參觀
那話兒
可沒人和他談價碼

曾經他們或許也是
名流　領導　以及
孩子心中偉大的爸

◎之十九

火焰熊熊
它們在燃燒
舞動的靈魂
我以
詩
輕輕將宇宙舉起

◎之二十

啊
相思樹上
開出了一朵夕陽
她正以紅通通的臉蛋
向世人訴說
即將下嫁於海的
羞怯

——曾刊於「人間福報」副刊

◎之二十一

日子總嫌太淡
加點什麼好呢
油鹽醬醋蔥薑酒
還有一茶匙
伊

終於有了意願
下箸

——曾刊於「人間福報」副刊

◎之二十二

一隻滑鼠
導遊全世界
覽盡哭與笑
美與醜
卻點選不出我
僅僅要的一個
不老的秋

◎之二十三

風
將敞懷的窗
打了一記耳光

然後疼惜地說
關上
裸
更展示了你的
傷

◎之二十四

送別
因無奈而分手的戀人
夕陽含淚下山
咖啡廳裡的座燈
也黯然神傷
扛著嘆息的鳥翼
由窗前飛過
一不小心撞碎了
旅人的心

◎之二十五

口——香——糖——

舌頭打結的智障男子
飲著風
穿著雨
在簷下竭盡所能地
「拚經濟」
成天笑嘻嘻
即使沒有一元硬幣

◎之二十六

照片狼吞著童年
它怕被
老
綁架

◎之二十七

苦戀
猶如冬夜
吞嚥一杯冰冷的水
刺骨的寒啊
但
不喝又口渴

◎之二十八

一路上
夕陽鬼鬼祟祟追蹤著
打探什麼
我戒慎恐懼睄著它
立即將心事
藏入背包

◎之二十九

女孩在哭泣
罹患黃膽的路燈不敢問
裸體的天橋不敢問
寫著水費即將大漲的晚報不敢問
乞者飢餓的腳丫不敢問
昨夜僅九度
明晨氣溫還要下降

◎之三十

為歲月的殘顏修面
在爐邊
並且將寒冷的言語
烤暖
看看
春天還有多遠

——曾刊於「人間福報」副刊

◎之三十一

也僅是途中一景
縱然是香花珍草
也僅是途中一景
即使是野坡亂石
旅者啊
當你繫緊鞋帶
肩起行囊
天堂就近了

◎之三十二

晨起
讀報
將五花八門的社會亂象
擲入洗衣機去污

翻攪了數遍
依舊無法
漂白

◎之三十三

等候一個時辰
手提重物不良於行的老伯
眼看過站不停的公車
飛馳遠去
他將司機的背影啐在地上
像吐一口充滿病菌的濃痰

◎之三十四

社區裡的灌木叢
颱風後沒被砍伐
反倒生機盎然
它長壽

是因沉默
而且微笑

◎之三十五

被雨施暴的屋頂
哭腫了眼
太陽以缺席卸責
立委砲轟他
不敢伸張公權力

◎之三十六

早起的鳥兒
啄碎了窗簾的夢
夜
匆匆越牆而去

◎之三十七

決絕地將門閂上
萬般不捨推拒了
陽光的熱吻

冰窖
才能將文學之糧
保鮮

◎之三十八

再也不畏首畏尾
瀑布鼓足勇氣
一躍而下
終將獄它多年的畫框
踩碎
天地連袂為它
慶生

◎之三十九

在充滿驚懼茫然
連「愁」字都不會寫的
貧童注視下
相思變成一種罪惡

寶貝　對不起
只好將你暫忘
待我安撫好他們的靈魂
再來疼你

◎之四十

遍地花屍
晨起的登山客議論紛紛
目擊者挺身而出

願為這場殲滅種族性的
集體大暑殺
不計後果地做證
終於糾出兇手——
暴雨

◎之四十一

何嘗不知人們將他當成
小丑
垃圾袋套頭
綵帶盤身
邊唱邊跳學年少
除卻成本
一日所得恰好是
感冒膠囊　加
川貝枇杷膏

◎之四十二

暖一壺酒
犒賞夜
為詩
它曾嘔心瀝血

◎之四十三

嬌艷欲滴的玫瑰
跳過窗來了
正與桌上的茶杯
眉來眼去
我語帶威脅地警告
蕩婦
別誘拐他

◎之四十四

衣裳在鏡前搔首弄姿
罹患五十肩的衣架
咬牙切齒
燈　發表聲明
嚴守行政中立

◎之四十五

何嘗願意生而為
灰塵
墜樓已引不起記者一顧
除非太陽病故

旮旯即宇宙
唯因詩的
深情美目

◎之四十六

庭中的金桔倦勤
我以一顆溫柔的心
與它對話

今晨不經意地一瞥
粒粒金黃
已將歲月偷偷彩粧

◎之四十七

一曲法國號
狠狠刺殺了
夜
我耐心地為它層層包紮
依然治不好它
深及骨髓的
傷

◎之四十八

早安
巷口的犬兒小白
熱情地向我招呼
以牠那從未逃漏稅
從未貪臧枉法
從未虛情假意與人敬過酒的
小尾巴

◎之四十九

雲
舉行水墨畫展
我也訂購了一幅
粧點無精打采的
詩

——曾刊於「人間福報」副刊

◎之五十

災難來臨
風哭
雨哭
新聞主編不哭
他正忙於分秒必爭

◎之五十一

候車亭擠滿
焦灼的心
一班班公車駛過
載走了
今日

——曾刊於「人間福報」副刊

◎之五十二

風　攔路喊冤
連疲憊都無法擊敗的
我這弱軀
能助它討回什麼公道
除了
星星的蔑笑

◎之五十三

凝眸
荷花池畔
撲通
回憶跌入水中
我奮力以救
撈起的是
死亡多年的
慘綠年少

◎之五十四

春天開張
太陽來祝福
祂說
祂不僅要撫育這塊土地
還要普照寰宇

◎之五十五

燈
絲毫不苟地監視著我
懶散的心
嚴拒撒嬌和關說
一首詩
終於將黎明
啼醒

◎之五十六

雨來串門
悲悲切切哭了一夜
我告訴他
下次來時先打電話
別驚擾了患有心悸的
沙發

◎之五十七

渾身長滿惡性腫瘤的橘子
將自殺手冊
精讀了三十八遍
面對善心人士的安寧照護
他也欣然讀起
生活的藝術

◎之五十八

窗前的桃色小花
意興昂揚地梳了一頭新髮式
我慇懃地為她盥洗
她卻氣急敗壞地跺著腳
朝我發飆：
都是你啦
搞成這付德性
怎麼去赴約

◎之五十九

將天空攜回廚房
料理一盤詩
沙拉自取
這是我唯一拿得出手的
招牌菜

您嚐嚐

——曾刊於「人間福報」副刊

◎之六十

色情？
藝術？
他們在説啥
縴夫們面面相覷

聽　他們説
咱們比「米開郎雞籠」還苦（酷）
不苦啊
咱們的雞挺解放的嘛

◎之六十一

甲乙打網球
不慎將球擊出界外

觀戰的貓咪說
別急
我去撿
車馬費五百
另加
意外險

◎之六十二

他將一切包括假牙
都投注彩券
除了命運
如今
連蚯蚓也抗議
嫌他的棺槨
寒傖

◎之六十三

全神貫注地摘菜
剪除一枝殘莖
就如刪去一行蕪句
菜摘完
詩亦成
若要端上桌
還得
吹毛求疵

◎之六十四

窗簾遮蔽了生活的臉
幾經掙扎終於起床
與陽光
共進早餐
祂說　只要一杯
低脂牛奶摻杏仁霜
怕胖

◎之六十五

夜
被寂靜全面攻佔
沙灘喜形於色
吻著欲迎還拒的貝殼說
今晚終於可以擁妳
入眠

◎之六十六

轟隆一聲巨響
爆竹工廠
炸紅了鹽水鎮
卻炸碎了
孩子的心
鳥也拒絕採訪
牠說

去找發言人

◎之六十七

杜鵑花老了
她嫌我怎不早來看她
池塘裡盛滿
她新釀的淚
保證沒點眼藥水

◎之六十八

詩哭了一夜
因為
再也喚不回
藉故和她鬧彆扭的
春天
移情別戀

◎之六十九

清明節
電腦休假
說要去為「視窗九五」
掃墓
飲水思源哪

◎之七十

他跟太陽比早起
他給信箱送早點
送報僮
敢情戀上了
陽台上的小花
他信誓旦旦地說
等賺足了錢
就娶她回家

◎之七十一

一截斷肢
一個刻骨銘心的記憶
然而
他只說給床聽
以淚

——爲一名職災受難者而寫

◎之七十二

極盡所能消滅對手後
一尾魚
在整個由牠掌控的水缸裡
瑟縮地喊著
好冷啊

——記一樁「好友傾軋事件」

◎之七十三

夜
和新生南路在熱戀
撫摸她的秀髮
親吻她的面頰
然後　相互摟著腰
一同進入「麥當勞」

◎之七十四

匆匆行人
每一口呼吸
都噴著一股寂寞
環保官員也不知
該如何取締

◎之七十五

即使求救星座
聲嘶力竭的母貓
依然喚不回失蹤的兒
叫著
掏心挖肺地叫著
素不相識的風鈴
也僅能慷慨布施
一腔心酸

◎之七十六

星點木打了一瓶點滴
又眉飛色舞
垂釣十餘年的姜太公頻頻抱怨
手好痠
供桌上的菩薩撢撢灰塵說

這衣裳該送洗了

夜　開了一罐啤酒

詩

終於來勁兒

◎之七十七

初出茅廬的掃帚

誓將天上的烏雲除盡

太陽說

別自不量力了

連我都無可奈何

◎之七十八

舀一勺夜

吞下

情緒便亢奮起來

端出伊的影子
細細品味
蛙來敲門
讓牠候著

——曾刊於「乾坤詩刊」

◎之七十九

所有路燈
都戴著一頂寬邊帽
怕嫦娥
嫌他們頭禿

◎之八十

將秋天和夕陽
以及
伊剛剪過有點土氣的髮型
以及

和我鬧過的一些小小彆扭
分別裝入塑膠袋
攜回
晚餐

◎之八十一

葷腥素果
盛裝出席
孝子賢孫
賣力演出
中元節比父親節
風光多啦

◎之八十二

整妝完成的蘑菇
在盆裡忐忑不安地等待
上轎

準備與那從未謀面
僅憑父母之命的豌豆莢
洞房
不知那傢伙
是何心腸

◎之八十三

白蘭地的陳年之淚
溺斃了玫瑰
唱碟裡的痴歌怨曲
蕩漾了夜心
窗外飢渴相擁的樹影
點燃了詩慾

◎之八十四

成功拔腿就逃
連鞋也沒穿
他怕我苦苦追求
我惱羞成怒地喊道
我恨你——

◎之八十五

唱片中的竹笛
秀出不輕易展示的絕技
為窗前梅花獻藝
連天空的雲也脫帽致敬
不請自來的鳥雀鼓噪著
安可　安可

◎之八十六

清新脫俗的咖啡廳
披上繡滿櫻花的外衣

慕名而來的追求者
將春色
搶購一空

——曾刊於「乾坤詩刊」

◎之八十七

路樹穿著春天在站崗
霓虹燈頻頻朝他拋媚眼：
人客，來坐噢！
他搖搖頭說
不
到處都是狗仔隊

◎之八十八

夜空愁悶地吐著煙圈
它怕被立委質詢
秘密預算

街道絞盡腦汁思考著
如何挽救
垂老的容顏

人生馬不停蹄
在逃亡

◎之八十九

一顆偶發的青春痘
破壞了整張臉
精心策劃的布局
即使濃粧
也無濟於事

◎之九十

我把舉止風騷的春
從樹上摘下來

以免他招蜂引蝶

詩人的心
易燃

◎之九十一

大飯店裡
雕塑得玲瓏剔透的
裸體女郎
目不轉睛觀賞著
料理台上的珍饈
她最大的享受即是
垂涎

◎之九十二

口渴的樹葉
垂頭喪氣

此刻
他只想向蒼天乞討
一滴淚

◎之九十三

萬眾祈雨
祂卻無動於衷
那夜祂來品茶
我說　你也太跩了吧
祂說　不
是人們都不疼惜
我為這塊土地
流乾的淚

◎之九十四

努力搜集月光
儲入心房

待詩泉枯竭
再釋出
抗旱

——曾刊於「人間福報」副刊

◎之九十五

被囚的山吶喊著
誰判我無期徒刑
天說
別瞪我
公文不是我批的

◎之九十六

夏
一腳踹碎了我的溫柔
我氣沖沖提出抗議
他橫眉豎目地吼道

那是他的自由

◎之九十七

久違的茉莉來訪
我欣然出迎
她說餅乾太俗
這回帶來的是
幸福

——曾刊於「人間福報」副刊

◎之九十八

椰子樹又長高了
他總在全力以赴地長高
我仰首勸他
何不悠緩地生活
他搖搖頭說
那片天正等著

他
去撐

◎之九十九

狗　率領著我們
晨溜
雄姿英發
並且笑容可掬地
與里民寒暄
見者無不熱情以對
不知牠使用的是
母語
還是普通話

◎之一百

茶
敲醒夜的頭顱

灌頂
以禪
詩乃生
無關「拼文學」

卷二：今夜有酒

交接

縣長去職

玫瑰沒空送行
她要忙著向新主揮洒熱情

椅子沒空送行
他要忙著舌探新主的臀溫

茶杯沒空送行
它要忙著向新主的紅唇獻吻

縣長也沒空為自己送行
他要忙著接待

過早出席的炎涼世態

立 場

搭上公車
覓得最後一排
一個高高在上的座位

放眼望去
兩排烏鴉鴉的人頭
動作一致地看著窗外
一排左傾
一排右傾
自始至終都壁壘分明

我在面臨中央走道點上
左顧右盼

每當車子轉彎
或有突發狀況時
倍感險峻

雨　巷

不長不短的小巷
不死不活的夜雨

甚至渴望有些惹嫌的噪音
甚至渴望有個感冒患者的咳嗽
甚至渴望那隻
讓人駭得急奔而逃的狼犬
甚至渴望那名
吹著挑逗口哨讓人想報警的輕浮惡少

倏然
一個忍不住的噴嚏
將自己的影子
當場擊斃

電　話

辦公室萬籟俱寂
除了玻璃窗外昇起的太陽的呵欠聲

痴痴望著桌上灰不愣登不發一語
明明具備留言服務功能的語音電話
恰似報上刊載的景氣指標
回春無望

沒有 Call in
就讓我來 Call out 吧
現在流行主動出擊
否則會被譏為沒有競爭力
愛
也和產業一樣步步危機

厚厚一本電話簿翻遍
卻找不到一張熟悉的臉
就連伊們
也僅存一些頭銜已改號碼已變的褪色名片
此時此刻
他們或許正在世界各地玩水遊山
也或許正摟著他們的舊愛新歡
說著和當年說給我聽同樣的蜜語甜言
那些女人必定也和我一樣
陶醉著他們一點也不面紅耳赤的信誓旦旦
我也早已習慣不去拆穿

轉過椅盤看看天
今日上演的戲碼
叫做
藍

散場

聽演講的人群散了
星星壓根兒沒來捧場
整晚都在滔滔指引眾生方向的
演講者　我
站在這陌生街道的十字路口
自己卻迷失了方向

踽踽獨行
「自由」昂貴得
令人不知該如何殺價

風仔猥瑣地對美頻吹口哨
細雨飢饞地吮著落葉的酥胸

疾馳的車卯足全勁蹂躪著
大地的貞節

工作逾時的廣告招牌
罹患傳染病般相繼入眠
腕錶上終日耳鬢廝磨的長短針
曾幾何時已漸行漸遠

公園裡的酒瓶與草蓆
可是家變者的戰利品？
一雙骯髒的腳
並不等同一顆污穢的心

捷運車站的未歸人
似猶深戀著夜的體溫
更甚於核武威力的「售屋」大軍
一眨眼便攻陷整座城鎮

掌聲已遠
寂寞自告奮勇
攙我過街

稀　客

一陣暴雨
淋得蘇東坡落荒逃入
我的書房

我為他沏上一壺
台灣產的香片
他說
來杯青草茶吧
降火消暑

我為他選播一齣
家鄉味的川劇
他說

來段歌仔戲吧
入境隨俗

我為他朗誦一首代表作
「春宵」

他說
來闕「永遇樂」吧
更有民意基礎

這是幾番被貶

我問

他說
Oh, No
這回是自助旅行

偶遇

春
在公園的銀白座椅上
午憩

我和身旁路過的
看來必也有一顆善心的小花犬
溫柔地打著商量
噓　別吵醒她
她忙了一上午
累了
走
我們去聽樹爺爺講古
他招收不到免費學員

——曾刊於「人間福報」副刊

睦鄰

東門
連打了兩個噴嚏
西門
立刻獻出感冒膠囊

東門
滿面春風地拱手
恭賀新禧
西門
笑容可掬地回贈
大發利市

西門

忙裡偷閒
坐在陽台上賞月
東門
砌了一壺龍井
端出一碟點心

西門
聚精會神地聽著
收音機裡的明星八卦
東門
頻頻打探
誰又與誰牽手

黎明即起
東門搶先問安
西門拍拍胸脯：
早餐算我的

耶誕夜

我的那些被人耳語似是而非的情人們
都去和他們的情人
過耶誕夜了

然而
由忙碌不堪的電話看來
彷彿我是許多情人的情人
我也沒去辯解
人生還有什麼
除了僅餘的這一點點
不具殺傷力的虛榮

走在甫修過面的人行道上

追求我最起勁的該算是
刺骨寒風

遠方的耶誕鈴聲
隱約響起
幸福的影子
在燭光與酒盅間晃漾
我的那些被人耳語似是而非的情人們
都去和他們的情人
過耶誕夜了

星星月亮也去了
穿馬靴的雲也去了
噴水池的微笑
也去了

——曾刊於「乾坤詩刊」

訣別書

仍然繳了白卷
有關訣別書

是與飛機訣別
還是與天空訣別

是與著作訣別
還是與智慧訣別

是與玩具訣別
還是與童年訣別

是與榕樹訣別

還是與回憶訣別
是與雪訣別
還是與冬訣別
是與門訣別
還是與家訣別
仍然繳了白卷
有關訣別書

愛之味

一向活得死氣沈沈的鞋子
突然歇斯底里拉著我
展示它的
新表情
原來是剛剛收到一封仰慕者
足可感動死一頭牛的
情箋

與化妝彷彿有著深仇宿怨的它
此刻竟頻頻向我探詢
該如何粉飾
過於灰暗的容顏

也是風景

——記年初五開筆

倚在窗檻上的拖把
悠閒地梳理著她
因忙年而略嫌紊亂的髮辮

沒去迎財神
沒去買彩券
連鞭炮的世紀演奏會
也沒去捧場
一直就那麼旁若無人地
梳著梳著
偶爾抬頭羞答答
問太陽：

這款式好看嗎
人家可是為你梳的

午餐時分

午餐時分
痴痴望著窗外
在有限的框框內
唯一能看到的景象是
一朵烏雲

太沈默了
我想打開話匣
和它聊上幾句
聊什麼呢
噢　就聊聊辦公室的種種吧
怎麼聊呢
直到午餐用畢

仍然沒有對話

從此每日午餐
我就吃著格子窗外的
那朵烏雲

今天它沒來上班
我也心神不寧
傷了　病了　死了
我好擔心
再也找不到一個對象
可以聊聊辦公室的種種

其實那朵烏雲
從未聽過
我們辦公室的種種

這世界也永遠不會知道
辦公室的種種

——寫於二〇〇一年

今夜有酒

聽　秦淮河畔
在　淡水河畔

今夜有酒

擁擠的汗味
已如退潮般陸續散去
剛接班的星子
都在各自崗位上盡忠職守
害羞的街燈
直到暗夜
才敢躍入河中裸泳
尚未看破紅塵的螃蟹

還沒來得及與妻訣別
已被迫慷慨就義
人老珠黃的蛤蜊
臨終前苦苦哀求
能否讓她再唱一遍
金大班的「最後一夜」

今夜有酒

為了生計不敢疲倦的餐廳老闆
鞠躬哈腰侍候著
酒醉飯飽的茶杯碗碟
牆上書著「高朋滿座」的匾額
寂寞得想下海免費伴舞
孤獨的月娘
頻頻向窗户打探
何時娶她進門

今夜有酒
將形象收進皮夾
將教條暫時拘禁
將手機灌醉
將業績放逐
將假面摘下
將真情鬆綁

今夜有酒
還有酒精測試
還有攔路打劫
還有體檢報告
還有輿論流言
還有可望而不可及

等著拚命的成功競賽
還有愛不得又甩不掉
等著面對的感情糾葛
還有進少出多彷若流砂
一陷入便無法抽身的帳簿危機
還有煩惱了十分之一
等著明天繼續煩惱的剩餘煩惱

今夜有酒

能醉否

研究報告

嚴謹地撰寫一本論文
標題是
你

精讀
你的表情
拍攝
你的靈魂
參觀
你的腦庫
採訪
你的脈膊
探索

你的舌苔
租賃
你的心房
記錄
你的感覺
編輯
你的思維
搜集
你的意願
剪貼
你的語言
實驗
你的機能
解剖
你的策略

丹桂飄香時

交稿

——曾刊於「乾坤詩刊」

爭如不見

爭如不見
才能騰出全部的心
追蹤雪的迢遙千里
　在排笛的嚮導下

爭如不見
才能騰出全部的心
擁吻梅的冰肌玉膚
　在琵琶的媒介下

爭如不見
才能騰出全部的心
貪婪夜的綽約風姿

　在揚琴的撩撥下
爭如不見
才能騰出全部的心
聆聽老的步步進逼
　在時鐘的挑唆下
爭如不見
才能騰出全部的心
赫然發現
離別竟是如此回味無窮
寂寞竟是如此美不勝收
成功竟是如此微不足道
頹廢竟是如此價值連城
對於一個詩人
爭如不見

才能騰出全部的心

——曾刊於「乾坤詩刊」

昨日的形式

黎明
一如昨日的形式
儘管改革之聲甚囂塵上

老
也一如昨日的形式
儘管它一直苦思
想來點創意

還有
沙漠之愁
文學之淚
以及

沒有形式的
人心
也一如昨日的形式
儘管電腦已統治世界

——曾刊於「乾坤詩刊」

種一片森林

種一片森林
於腦中
邀請風花雪月來
夜夜夜談
問問受傷的茶杯
那白嫩的肌膚還疼不疼
暖一壺酒
為感冒的雪趨寒

種一片森林
於腦中
挽著月去散步
聆聽風

的户外演奏會
來不及盛妝的花兒高喊著
「等等我」

種一片森林
於腦中
夜夜去
沐浴

颱風，東北東

罪過地被放了一天
名實不符的颱風假
悠閒彷彿成了嚴重的不道德
在這人人忙得快要斷氣的年代
即使失業
也得忙著被親友數落

做什麼好呢
讀讀詩吧
這會不會也是一種嚴重的不道德
在這人人都忙得快要斷氣的年代
噢　不
即使詩集滯銷

也得讓那些從未有幾個忠實讀者的詩人
彷彿很忙地被崇拜著

做什麼好呢
聽聽歌吧
這會不會也是一種嚴重的不道德
在這人人都忙得快要斷氣的年代
噢　不
即使業績慘跌
也得讓那些曾經風光一時的老闆
彷彿很忙地被青睞著

做什麼好呢
想想伊吧
這會不會又是一種嚴重的不道德
在這人人都忙得快要斷氣的年代
噢　不

即使人窮志短
也得讓那些從未有過緋聞的人們
彷彿很忙地被愛戀著

罪過地被放了一天
名實不符的颱風假
寫詩彷彿成了嚴重的不道德
在這人人都忙著卡位的年代

最後一班公車

揮別晚宴上的生張熟魏
深呼吸
吐掉一切虛偽
貼著冒充青春相片的駕照
因多年未用而形同作廢
攜著些許酒味
開始一趟夜之旅的疲憊

熱吻街之唇
以腳
呼嘯而過的車輛
屢屢干擾我對往事的追悼
都說經濟蕭條

車站依舊擠滿人潮
下課的學子們
親熱地打打鬧鬧
旁若無人的小情侶
忘我地摟摟抱抱
我佇立在這陌生街道
有種暫時放逐的逍遙
急馳的公車載走波波人群後
逐漸稀少
我的那班駕駛
是否尚在火星睡覺

夜深如水
又是一陣無預警的感冒
睄睄背後原本客滿的候車椅
頓然有種人去樓空的寂寥
坐下身子

捶捶腿兒伸伸腰
享受片刻路燈的照耀
百無聊賴看看錶
不得了
今日已老

最後一班公車
終於來了
我喜極而泣奔向前
它卻飛也似地逃跑
我只好寬容地露出
久已遺忘技巧生鏽的
一抹笑

卷三：息影之後

校　長

——讀柬埔寨簡訊有感

照片中
僑校校長
眼裡嘴裡皺紋裡全是
教育
儘管沒一個孩子是他的

如今
茅屋　木凳　泥濘路
都已識字
而他
僅剩牆上掛著的
那份
傻

情婦

欲言
又止
女子飽滿欲滴的
唇

在電話彼端
在與伊的默默相對
在月圓的樓頭
在凝神的詩句裡

欲言
又止
終夜她都在地毯上孜孜矻矻撿拾著
錐心的寂寞

眼神（二帖）

◎之一：代阿根廷商販而寫

整個店被搶了
整條街被搶了
整座城被搶了
整個天空都被搶了

我敵視著倉惶逃逸的搶匪
以憤怒
用力憤怒

一名無助婦女
懷著垂死嬰兒

沈默地哀求我
以贖罪的眼神

看著散亂滿地的食品
任取吧
我也沈默地回答
以眼神

【註】阿根廷因失業率過高，民不聊生，起而暴動，終至總統下台。

◎之二：弱智菜販的某一天

幾個營養不良亟待理容的瓠瓜
幾束沒人叫得出名字狀至狼狽的野菜
一方顏面羞澀久未沐浴的膠布

男子痴盼的眼神不斷游移著
從早至午
由人

而地
而天
終被不曾修過慈悲學分的
熊熊烈日
一舉
焚燼

受虐婦

她的齒
和著鮮血
如飛彈般呈拋物線射出
在失意酗酒的丈夫的拳頭下

她的淚
裹著顏傷
如潰堤般無止境地漫淹
在失意酗酒的丈夫的拳頭下

她的心
連同已似灰燼的愛
如搗蒜般迸裂而至稀爛

在失意酗酒的丈夫的拳頭下

終於
另起爐灶
她唯一的資本是
天空

板凳囝仔

他總很有禮貌地無奈著
當人們拒絕購買他的抹布

他總絕不絕望地絕望著
當鳥雀拒絕聆賞他的歌聲

他總昂首挺脊地匍匐著
當陽光拒絕照拂他的臉龐

總算還有一個板凳
牽手一生
當拐杖也拒絕支撐他的理想

生涯規劃

——悼一名年輕泰勞之死

被活埋
是個意想不到的
生涯規劃

昨晚國際電話裡
他還承諾罹患末期子宮癌
早年守寡的母親
年前一定返家

他還說
要給未過門卻已懷孕的妻子
買花

還有那即將出世的寶寶
買娃娃

然而此刻
信用已經破產
淚眼裡
他滿含歉咎
被活埋
真的不是他精心設計的
生涯規劃

息影之後

捧著三十年前縱橫職場
眼裡猶帶著幾分睥睨的
經典照片
乞求一群群陌生嬉戲的孩童
施捨一聲讚嘆
已成他每日忙碌積極打拚的
生活主餐
（雖然孩子們總是無知地搖搖頭）

端著從未搞清年份與成分
只要能辣得他胃疼心搐的
酒
向自己三十年前縱橫職場的經典照片

致敬
已成他每夜履行且高潮迭起的
浪漫房事

閒暇時他熱愛在牆上散步
為的是撿拾相框裡
曾經閃爍得令人生妒的光榮歲月

他也喜好與公園裡的滑梯對話
只有它願聆賞
他那些一點也不是吹牛但已無人理會
對於自己偉大歷史的講古演出

配偶欄已更名為
夕陽
自從妻子將他像吃剩便當般丟棄

至於所得申報
真的不知該從何寫起
因為他的財產僅有
安養院外那片免費可眺的
墓草

黃麵與白菜

一包黃麵
俘虜了六隻黑瞳
半斤白菜
媚惑了三個靈魂

孩子們的饞涎
沸騰了母親的心
婦人的憨笑
梗塞了我的淚

一名基層勞工的生活浮雕
在烈日下
揭幕

瓷碗的一生

框啷一聲
就這樣結束了一生

看著因主人不慎
而掉落一地的殘肢碎體
連抱怨都還來不及的
瓷碗
就這樣結束了一生

聽著主人嘴裡叨叨唸著
碎碎（歲歲）平安
彷佛自己死有餘辜

想著這一生
沒過過滿月
沒打過彈珠
沒對紮辮子少女吹過口哨
沒體驗過上台領獎被嫉妒的滋味
沒翹過課
沒打過靶
沒漏夜排隊瘋過電影明星
沒汗流夾背考過大學聯招
沒到校花窗前彈過吉他
沒打腫臉充胖子買過名牌服飾
沒被醫生拚業績而割過盲腸
沒到五星級飯店開過生日派對
沒憤怒過社會不公而走上街頭
沒被好友出賣過而痛心疾首
沒逃過稅
沒跳過傘

沒幹過行政院長
沒通過品質認證
沒去過大英博物館
沒嚐過蘇俄魚子醬
沒看過正宗泰國人妖秀
沒試過拉斯維加斯輪盤賭
……………
框啷一聲
連遺憾都還來不及的
瓷碗
就這樣結束了一生

售貨員的一日

鮮艷枯萎的嘴唇
甦醒休憩的雙峰
穿上微笑的絲襪
戴上營生的臉譜
跨上必得耳聰目明的機車
飛越猶在冒充榮景的市街
到達勞資間不得不劍拔弩張的工作處所
刷下不知還有沒有明天的上班卡
端出工廠已經停止製造的僅餘青春
鞠躬盡瘁
連自己的肺腑一併廉價出售
脊椎勾結高跟鞋
悄無聲息便盜走了她的神魂

歸巢
絕情的夕陽從不溫柔相送
旋開緊蹙的眉鎖
以哼唱
儘管荒腔走板
關閉今日
以夢
儘管毫不綺麗
至於黎明
讓窗簾去迎接

牆外的失業者

非自願且別無選擇的
中年男子
非自願也別無選擇的
霉味與穢氣
一份較八旬老嫗的皺紋更皺
即使讀爛求職欄也求不到職的報紙
一罐價值他全身家當
即使不可口也得表演得很可口的可樂
絕非故意梳成沒有梳過的樣子
是真的沒有梳過的頭髮
絕非趕搭流行列車
穿一件瘦瘦窄窄露肚臍
實則是落了鈕扣不排除是回收舊衣的襯衫

踏踏實實熱愛這塊土地
以赤腳
絕非唯恐不如此說便被質疑不愛這塊土地
而選票盡失
慈悲地相信老闆裁員確係身不由己
雖然門口每日來乞食的小花貓都知道
他是老闆的「異己」
敏感地關閉自己如一株含羞草
雖然行人對他根本不屑一顧
憑靠最低基本工資奉養一家老小
連生病都嫌奢侈的微弱體軀
在一幢幢摩天大樓虎背熊腰的威嚇下
真若四面楚歌
在唯一使用者可以不必付費的烈日下
他的自尊被晒成一尾
缺氧的魚

阿嬤和她的韭菜

過時啦
都已小滿
不是說正月蔥二月韭嘛

過時啦
就像阿嬤的腦袋和衣裝
以及光復時期流行的表情和長相

在摩肩擦踵的人潮中
愚蠢者
唯我
其實我選購的僅是
心頭突然湧起的一絲絲
不忍

行天宮前的賣香婦

駝背如弓
臉上結滿珠網
那頂微羞的笠帽
盡忠職守地侍衛著她
被歲月盜取得已剩無幾的白髮
完全遺忘了患有骨質疏鬆症的老婦
見人就如沙場勇士般衝鋒陷陣
兜售著其實根本談不上什麼營業額的
香火　米糕　和麵線
大清早
在十字路口
行色匆匆的上班族

彷彿串通好了
臉上都抹著同一品牌的面霜——
冷漠

與一個電視畫面共度一夜

——為一名被誤切乳房的婦人而寫

反芻她的心情
咀嚼她的無奈
複製她的淚眼
撫觸她已不見傷口的傷口
模擬她走味的床戲
替她極力挽留
漸行漸遠的伊的背影
預演她未來的淒涼

不經意邂逅的
一個瞬間即逝的電視畫面

竟如此鋪天蓋地
淹沒了我的夜

卷四：附錄

附錄一

完成一座雕像

——讀劉小梅的第四本詩集

向　明

如果我也成了一尊雕像
無法盥洗
還談什麼形象
如果我也成了一尊雕像
寂寞呵
誰來晚餐

這是從事廣播藝文節目多年的女詩人劉小梅的詩《如果我也成了一尊雕像》其中的四句，即此四句即可看出詩人多麼渴望平凡，不願成爲衆人仰望而身不由己的雕像，然而她卻寫了一本詩集就叫做《雕像》。

《雕像》是劉小梅從事詩創作不到十年的第四本詩集。對於劉小梅的詩我早就說過話了。

記得我那篇文章題目叫做「大家來驚豔」。當然我並不是說看到劉小梅本人而驚豔，那太俗氣了，而且有點老不正經。我是說讀到她那本取名《驚豔》的詩集，讓我確實有驚豔的感覺。現在我再讀到她這本《雕像》，我更要說這本詩集還是使我眼睛一亮，而且其光度越來越強，也就是說她將來想要不成爲一座新的雕像也難。

首先我要說劉小梅是一個非常專業的詩人，尤其在女詩人之間，她對詩專注的態度令人吃驚。很多人寫詩都是蜻蜓點水式的，到必要時才寫一首詩。譬如自己的詩刊馬上要出版了，趕快湊一首寄去，免得連自己的刊物上都沒自己的名字。或者有什麼節日，重大災難，爲了表示關心，趕快寫一首加入那長長的寫詩行列，免得缺席。現在的詩人多半都是如此。主要是詩人這頂桂冠得來不易，不能輕易放棄。而劉小梅似乎不同，她這本新詩集裡面的詩長短四十六首幾乎百分之九十的詩都沒在外發表，少數在報刊發表的也很少有人看到。這就可以看出劉小梅完全是爲個人的感受而寫詩，有什麼感受就寫什麼樣的詩，絕不趕場湊數，又不趨炎附勢。她非常專業的在盡一個詩人的本份。至於會不會publicity，那是別人的事。

其次，劉小梅雖然是個女性詩人，她的詩已不是女性生活的詩。她的詩中沒有女兒經，沒有娘娘腔，沒有老太太的裹腳步，更沒有新女性的袒胸露背，隨時想脫衣服，或脫別人衣服。她是純粹以一個「人」的立場來寫詩。評論家沈奇說過，所謂女性藝術最終是要進入一種無性別的「詩性自我」。劉小梅不自覺的在實踐這種女性詩人從未有的「詩性自我」。我有時認爲劉小梅詩中所透露的剛性機智和敏銳就像是我們同輩的哥兒們，而不把她當成一個女詩人或者小妹妹看待。讀劉小梅的詩常常使我感覺像讀到非馬，讀到渡也，甚至我自己。她的詩中既有非馬的小巧機智，渡也的敏銳犀利，和我的乾瘦脫脂。她和這幾位男性詩人一樣寫詩都是從生活出發，從現實生活中去發掘無盡的詩材，使得她的詩貼近生活也貼近人，讀來每使人有戚戚焉之感。

第三，談到劉小梅的詩特殊之處是她能掌握詩的獨特的語言。她的詩絕沒有冗長的敘述，描寫，形容。她已擺脫散文的活纏死纏，進入詩的素樸領地。她懂得詩靠意象語言來達到外型的凝鍊，不讓敘述語言來拖泥帶水。她也懂得詩唯有用意象來說話才能使得詩含蓄有味，以最少的文字寫出多多的意思。她對詩語言的運用技巧嫻熟已引起高明者的注意。前兩天我到周夢蝶家裡去借資料，周公問我有沒有看過劉小梅的詩集，我說看過了，還曾經評過她的詩。周公說劉小梅的詩眞好，就正如你（指我）在某處所說「以平凡的素材，作出不平凡的表現」，我說劉小梅確實有此本領。於是我們就談到幾首詩的精彩之處。譬如她的《散心》、《少女情懷總是詩》、《寒露》、還有好多首這種短詩，都是讀到最後一句給人一種意外的驚奇，誰也想不到會有那樣的結局。就以《散心》來說：「漫步湖邊／冷不防／被垂柳吻了一記」，很多人認爲這三句已夠精彩了。其實這首詩並未完成，它只說出了「果」，因果之果。至於爲什麼突然被垂柳吻了一記，有必要看下一段五句。非常出乎意料之外的是，「他」的答覆是「都是／風／幕後主使」，這個成因是匪夷所思的，跳皮風趣有創意的，不是陳腔爛調人云亦云的。這個意料之外的結尾，使得原本平凡的前面各句，突然像鍍了一層金樣鮮活亮麗起來。其他各詩都是這種手法，前人中非馬慣用的手法。有人認爲詩的結尾應如撞鐘，留有使人回味的餘韻。覃子豪先生說過，詩是游離於情感字句以外的東西，是一個未知。詩是一個未知的探求。當你找到之後，便會獲得意外之財一樣的過癮。我認爲劉小梅已深得此中三昧。

我曾經有過這樣一種看法，詩絕非一種平面藝術，詩應是一座立體的雕像，既具完美無缺的外在形象，令人一見心喜；更有硬朗紮實的內在肌理，讓人打心裡尊仰。所以才能經得起時間的考驗。儘管劉小梅無意成爲一座身不由己的雕像，但她的詩卻擋不住的勇往直前。

——二〇〇二年一月八日中華日報

——「創世紀詩雜誌」一三〇期

作者簡介

向明先生，本名董平，湖南長沙人，一九二八年出生。曾任藍星詩刊主編、中華日報副刊編輯、台灣詩學季刊社社長、年度詩選主編。著有詩集《向明世紀詩選》等七種，詩話集《客子光陰詩卷裏》、《新詩一百問》，散文集《甜鹹酸梅》，童話集《糖果樹》等。曾獲中國文藝獎章、中山文藝獎、國家文藝獎，一九九〇年大陸全國報紙副刊好作品評比一等獎。世界藝術與文化學院授予榮譽文學博士學位，為國內重量級資深名詩人。

附錄二

劉小梅的感性世界

周伯乃

劉小梅對詩語的突破，不但對現代詩壇是一種震撼，也樹立了她個人的詩創作的獨特風格，看似淺顯，卻又隱含著無窮的趣味，看似口語化，卻又有深邃的哲理，耐人尋味，猶如入深奧幽邃的叢林尋找落葉，需要一種特別的審美的情感。

德國哲學家黑格爾在其鉅著「美學」序論中，開宗明義解說，藝術是訴之於感性的掌握和心靈的感動。他說：「它是訴之於外來的或內部的感覺，訴之於感性的知覺和想像的，正如我們周圍的外在自然，或是我們自己的內在的情感生活訴之於感性知覺和想像那樣。」（引自朱光潛譯本第一冊第四六頁）基本上，詩人創作詩作時，一方面訴諸於其對周遭事物的感受，從事物的層面納入腦海，再由腦際沉潛於心靈的反射，猶如叢林間的涓滴細流納入江河，形成巨流。詩人對外在事物的感受，首先只是種模糊的印象而已，加入思想的處理，情感的灌注，再現於語言的表達，才算是詩作。一則也訴諸於個人的天賦。一個偉大的詩人，其創作的作品必然是具有其獨創性與獨立性，同樣的題材，他能表現出異於前輩詩人的深度和廣度。一個具有天賦的詩人，他永遠走在同輩詩人的前面，他永遠創作其拓新的，前人所未曾發現的現實世界。

一首夠格的詩，並不是僅僅表現一己的私欲，而是要表現千萬人內心所蘊藏的痛苦、歡樂、理想和憧憬，是普通性的共同特性，非個人的屬性。因此，一首好詩，並不是個人思想的呈現，而是群體意識的傳達，讓每一個人都能感同身受。所謂：社會性、時代性、民族性、世界性，乃至於全人類的共同性等等，都是現代詩人苦心焦慮所要追求的文學目的。

年前，我讀到名廣播節目主持人劉小梅小姐的《雕像》詩集，約一九〇頁，共分為三輯和張默先生、白靈先生的序文，作者本人的後記，除了第二輯為組詩外，其餘都是具有獨立題材的詩，我不能作各個單章評釋或解說，只能就以上的幾個觀念和界說，來作為對劉小梅小姐的詩創作的賞析。

首先談她的運用題材和語言的獨創性。詩人在創作之前，必然要苦心焦慮尋找創作題材，他所面臨的世界是廣袤而複雜的，尤其在這多元化的社會裡，幾乎每一分每一秒都有可能產生驚天動地的變化。詩人如何去掌握這瞬即萬變的情勢與那可能入詩的題材，全靠詩人的智慧與敏銳的洞察力。所謂智慧，就是先天的天賦與知識的結合。譬如：黃瓜、花生、綠茶、檸檬、菠菜、蕃茄、豆腐、芹菜與辣椒……都是隨手可拾的日常生活食物，並沒有特別驚人處，而經過詩人的智慧組合，便形成一首絕妙的現代詩：

黃瓜與花生勢不兩立
使得早餐盤算的齊人之福
夢斷

綠茶與檸檬的競選政見
同爲富含維他命C
只好投票表決

洗碗精堅持要控告主人誹謗
關於皮膚過敏的爭議
請找大法官解釋

菠菜與蕃茄都贊成
雙首長制
午餐因而出現
空前未有的和諧

豆腐　芹菜與辣椒
挑戰一夫一妻制

——六百個空格

詩人在運用這些素材的時候，也許並沒有想到詼諧、嘲弄的藝術效果，但詩成以後，卻給讀者產生了無比的嘲弄（IRONY）效果。美學家姚一葦先生在其《藝術的奧秘》一書中說：「嘲弄係屬於一種理性的活動，是理智之遊戲。……在它們理性活動之中：有的是善意的，有的則懷有惡意；有強烈到足以傷人，有的溫和中帶有好感；有的作弄他人，有的嘲笑自己；有的含有規諫之意；有的只在訕笑別人；其間形形色色，不一而足。」戲劇中的小丑，是最具有詼諧意味的角色，他的一舉手一抬足都可能帶給觀衆不少的笑聲和淚影，因爲，觀衆常常浸醉於他所嘲弄的對象，而給予他所嘲弄的對象一種同情和憐憫。

嘲弄是一種藝術，詩人和戲劇家都慣於運用這種手法展現其藝術技巧。劉小梅小姐在她這六十多行的短詩中，創造了許多令人發噱的情景。如：「相思／由夜的悶燒鍋中／溢出」、「誦經／只獲得二十八分鐘的／身心安頓」。……等等，毫無雕琢之痕，卻有令人繞樑之感，她運用極平淡、淺顯事物，構築成令人百讀不厭的好詩。再如「相見歡」：

嗜食嗎
下回我捎來
湯包　素餃　還是西湖醋魚

啤酒　大麯　抑或金門高粱

詩人是語言的創造者，劉小梅對詩語的突破，不但對現代詩壇是一種震撼，也樹立了她個人的詩創作的獨特風格，像前輩詩人紀弦先生一樣，他的詩語言看似淺顯，卻又隱含著無窮的趣味，看似口語化，卻又有深邃的哲理，耐人尋味，猶如入深奧幽邃的叢林尋找落葉，需要一種特別的審美的情感，也就是美學家們所強調的文化素養，他們的詩都是可以感，而不可模仿的。亞理斯多德當年論詩，認爲是起源於模仿，對紀弦先生、劉小梅小姐來說，都是不足以採用的學說。亞理斯多德說：詩的起源有兩個原因：其一是模仿的本能；其二是音調感和節奏感。似乎這兩個因素對劉小梅來說都不適合。她有她的獨特性，有她自成的風格。這風格不是來自於天性，而是來自於天賦和她的感性。她的天賦，是對美的追求，對象是詩；她的感性，是對眞的追求，對象是知識，她從世間的萬事萬物的變化中獲取知識，由豐富的知識裡蒐集詩的題材，再從這些題材中濃縮成詩的精華。比如她在第三輯中所搜集的素材，都是人們日常生活中所能碰到的人物與事件，清潔婦、檳榔西施、豆漿店老闆、托缽的和尙、修鐵窗的小弟、飲茶的男人們、太太出走的丈夫、天天開會的主管、即將退休的技工、修改衣服的婦人，以至初出茅廬的推銷員、賣茶葉蛋的老榮民……等等，羅列起來，好像一幅社會衆生相。

文學反映人生，批判社會，已成爲所有文學評論家所公認的一個標竿。我國的楊雄、班固、鍾嶸、元稹、元好問諸子都認定，詩歌是反映社會生活的。如鍾嶸在「詩品」中說的：

「嘉會寄詩以親，離群托詩以怨。至於楚臣去境，漢妾辭宮，或骨橫朔野，魂逐飛蓬；或負戈外戍，殺氣雄邊，塞客衣單，霜閨淚盡；或士有解佩出朝，一去忘返；女有楊蛾入寵，再盼傾國。凡斯種種，感蕩心靈，非陳詩何以展其義？非長歌何以騁其情？」甚至春風春鳥、秋月秋蟬、夏雲暑雨、冬月祁寒……都是現實的生活現象，也都能入詩。而劉小梅小姐將衆多社會上的人物濃縮成典型，或者說代表性。比如她寫「清潔婦」：「掃帚與抹布／陪伴著她的一生／馬桶與垃圾／主宰著她的命運／她的目光只對舊報紙放電／她的個性只對廢棄物展示」。幾句話就點明了清潔婦的日常工作，週而復始，做著循環不斷的工作，因而，詩人追問她對未來的人生有何規劃，她只輕輕地說：「下班返家」，四個字道盡了多少無奈，因爲她沒有讀書，沒有專業知識，只能靠勞力去換取生活的報酬，進KTV歌場排遣寂寞。

劉小梅小姐多年從事新聞工作，且在中國廣播公司主持「文學風情」節目，以其記者的敏銳力和主持節目的理性分析態度，她給現實社會的各階層作了深度剖釋。譬如：「檳榔西施」：

以乳溝促銷產品
以臀浪招攬顧客
以笑渦創造業績
以玉腿經營生涯

在這枯燥乏味
挑戰人類疲勞極限的高速路上
衷心爲她們祈禱
紅顏
別老

這是一個畸形的社會，所以會發展出一些畸形的行業，詩人筆下的檳榔西施，正是現實社會裡諸多畸形行業中的一種，賣檳榔不以檳榔的好壞招徠顧客，反而用女人的色相爲餌去釣顧客。第一段，詩人將少女的本錢：乳溝、臀浪、笑渦，以及玉腿作爲勾引顧客條件；第二段，詩人以其悲天憫人的情懷爲她祈禱：「紅顏／別老！」這是多麼殘酷的現實，又是多麼令人慨嘆的人生，讓我驟然想起元代關漢卿的雜劇：「竇娥冤」裡的蔡婆一上場就苦嘆：「花有重開日，人無再少年。」又如吳弘道的「傷春」：

落花風飛去，故枝依舊鮮。
月缺終須有再圓。
圓，月圓人未圓。
朱顏變，幾時再少年。

這都是感嘆人生苦短，青春不再的賦興之作。在我國傳統詩裡，以花開花落比喻人生的很多，也是詩人喜歡運用這些客觀景物來引發情思的藝術手法。劉小梅小姐詩中的「紅顏」

正是吳弘道小令中的「朱顏」。兩者都在點明青春不再，要善於珍惜。諸如唐代杜秋娘的「金縷衣」：「勸君莫惜金縷衣，勸君惜取少年時。花開堪折直須折，莫待無花空折枝。」

小詩和小令都不是容易寫好的，作者必須嚴謹掌握文字，要言簡意賅，其最大特點，就是字少意豐，含有某種哲理，或抒寫詩人瞬間的內在情感或情緒的昇浮狀態。我國的小詩盛行於三十年代，而寫得最美最感人的是冰心女士，也寫得最多，如她的「繁星」、「春水」都是膾炙人口的作品，如俞平伯、馮雪峰、劉大白、葉紹鈞、郭紹虞、王統照、何植三、卞之琳、何其芳……等人都有極好的小詩。

劉小梅在這本《雕像》集裡，有好多精緻的小詩。如第二輯「生活協奏曲」中五十二個樂章，幾乎每一個樂章都有耐人尋味的哲理與情趣，有的讓你低迴不已，有的讓你莞爾一笑。「炊煙哭訴著／無家可歸；／它再也不要去演講／有關流浪的故事。」（第五樂章）再如：「露珠崇拜著／宇宙的宏偉；／它從不清楚這島嶼／僅有三萬六千方公里。」（第六章）

如果詩是反映人生，小詩是最能把握人類瞬間情緒變化的一種文學形式。尤其在這一切講求速率的工商業社會，「詩人不過是憑藉一雙敏銳的眼，一顆柔軟的心，一枝創意的筆，將一樁事或一個對象，勾勒得傳神而不失眞。」這就是劉小梅的創作理念，她關懷社會，關懷社會裡的衆生，她以愼思明辨的是非觀念，反映社會，批判社會，促進社會和諧、詩意，讓人類免於生存的恐懼，享受崇高而美好的生活。

——二〇〇二年四月五日台灣新聞報

作者簡介

周伯乃先生一九三四年生，廣東五華人。空軍通信電子學校（現改為空軍航空技術學院）畢業。曾任香港亞洲出版社駐台執行編輯、《中央月刊》編輯、《中央日報》副刊執行編輯、《實踐》雜誌總編輯、《世界論壇報》副社長兼副刊主編；行政院秘書、文建會機要秘書、革命實踐研究院組長、中國文化大學董事會秘書、現任道藩文藝中心副董事長兼主任、中國詩歌藝術學會理事長。著有：《現代詩的欣賞》、《早期新詩的批評》、《現代小說論》、《夢迴長樂》、《周伯乃散文選》等詩論、小說、散文、雜文共二十八部，曾獲「中國文藝獎章」、「十大傑出青年」、「國軍文藝金像獎」，為資深名詩論家。

附錄三

不只是感謝而已

——讀劉小梅的詩《街景》三首

林煥彰

讀詩是一件快樂的事。早晨起來，讀到一首喜歡的小詩，可以讓這一整天，詩情詩意都滿滿；如果是晚上睡覺之前，也讀一首喜歡的小詩，這個夜裡，就好像都有詩在陪伴你了。

最近，我常在台北《人間福報》的「覺世副刊」看到女詩人劉小梅發表她的詩作；一次都發表兩三首。由於詩短，每一首四行、五行，最多不超過十行；看起來也很輕鬆，沒有「時間上」的負擔；也沒有看不懂的「心理上」的負擔。我爲什麼會特別注意，因爲我認識她，她也認識我；她是電台的名廣播人，聲音很好聽，給人一種甜美的感覺；最重要的是，我好久沒看到她發表詩作，最近卻突然發現她熱中寫起「小詩」來，而且幾乎每一首都能教我看了之後，心裡有一陣顫動的感覺。就拿今天（五月十四日）發表的《街景》三首來說，每一首都教人愛不釋手。

《街景》的第一首是〈鴿子〉，她說：

鴿子啣來了春天

擱在草坪上嬉戲
路邊小花
也樂得合不攏嘴

這是一首容易懂的詩，不需要做什麼解釋；「容易懂」對詩來說，不是壞處，也不是好處；詩的好處，是在它能不能給人有所領悟、有所感受，如果有，那就有想像的空間；「想像的空間」越多，那詩的藝術成就就越高。

我喜歡的詩，就是這一類的詩，它提供我可以發揮想像的好處，讓我覺得心情很愉快。

「鴿子啣來春天」讓我感覺美；「春天」本是一種季節，鴿子是一種鳥，小小的，牠居然能把「春天」啣來，而且是那麼的不費吹灰之力，就把一個屬於美麗的季節啣來放在你眼前，你不覺得這樣的詩人寫出這樣的詩，是一種美嗎？

《街景》的第二首是〈百合花〉，她說：

百合花集體移民到
少女的衣衫上
你看
她們也正經八百地讀起
泰戈爾的詩來了

泰戈爾是印度著名詩人，是東方第一位榮獲諾貝爾文學獎的詩人；他的詩，擅以散文形式呈現蘊含東方哲理的神秘之美；有中譯本《漂鳥集》是他的代表作。

「百合花」的美，在它的白和挺；「百合花集體移民到／少女的衣衫上」，讓不相干的兩種東西(事物)找到了「新關係」，這也就是詩產生「想像空間」給人的好處，再加上「她們也正經八百地／讀起泰戈爾的詩來了」，就更加令人遐思了。（如果在「正」字之前多一個「正」字，或許會更好。）

《街景》的第三首是〈雲〉，她說：

雲到森林公園小憩
熱情的遊客
揪住他的鬍鬚問道
什麼是逍遙的況味
他笑而不答
要大夥自己去

參

雲通常要到三、五百公尺以上高空才會有，這詩中的「森林公園」是平地的、城市裡的，因爲這輯詩的主題寫的是「街景」，所以「森林公園」不可能在山上；如果是在山上，雲下來小憩的境況就很平常，激不起讀詩的人的特別意味了。

這首詩是有「禪味」的，我喜歡詩中的禪味；因此，我認爲：如果把最後「要大夥自己去／參」刪掉，就眞的能讓「大夥自己去參」了。

詩人住在台北，台北有這樣的「街景」，是難能可貴的；我也住在台北，我沒有發現到這樣可愛的「街景」，是很遺憾的；但有了詩人幫我們寫出這樣的詩，我們應該感謝這位詩人。

——二〇〇一年六月十一日泰國世界日報

作者簡介：

林煥章先生，台灣宜蘭人，一九三九年生。曾任中國海峽兩岸兒童文學研究會理事長、兒童詩刊《布穀鳥》總編輯，現任世界華文兒童文學資料館館長、《兒童文學家》發行人、宜蘭社區大學講師、泰國世界日報副刊主編。著有詩集《無心論》、《愛情的流浪派及其他》，散文集《做些小夢》，及兒童文學《妹妹的紅雨鞋》、《壞松鼠》等，凡五十餘種。部分作品被譯成近十種外文在國外發表，並多次獲獎，為國內最著名的「童詩」大家。

附錄四

雕像

林德俊

廣播人劉小梅寫詩數年，至《雕像》已臻成熟。從情思捕捉、生活咀嚼到觀照眾生，主題自內層層外擴。最精彩的是令人回味無窮的吉光片羽。例如「將相思之線／用針縫入／夜的裙裾」（〈別後〉），細密的情感編織，以及「漫步湖邊／冷不防／被垂柳吻了一記」突如其來的精準想像，而「陪陪落葉／別讓它淒涼地走完一生」（〈想出去透透氣〉），縮放自如的視野，初露由小寫大的功力。

比物擬人之間，獨步的詩路漸次開展。〈今夜丙寅·很詩〉：「桌與椅正熾烈爭論著／誰才是眞正的大師」，藉由兩物之辯證，引出無時不作用在文學讀寫的潛藏謎題，作者以問作答，甚是高妙。〈垂死〉：「街道頹廢得／連自殺都提不起勁」，這類直扣心弦的語句，則是讓精雕細琢無用武之地。詩人著重經營小品，努力用傳統的戲法變出新花樣，「乍回首／路邊的小花都懷孕了」（〈春〉），那樣的驚嘆，不必革命便可擁有。

——二〇〇〇年二月八日中央日報副刊

作者簡介：

林德俊先生，網路暱稱「兔牙小熊」。「優秀青年詩人獎」、「乾坤詩獎」首獎、「帝門藝評獎」等十多種獎項得主，論文〈台灣網路詩社區的結構模式初探〉獲國家文藝基金會獎助。曾主編刊物《乾坤詩刊》、E世代情詩選《愛情五味》及二〇〇一年詩路網路詩選（與須文蔚合編）等，目前成立個人網站：「兔牙小熊詩磨坊」。近年悠遊於創作，質量並茂，為青年詩人群中之佼佼者。

附錄五

外「因」生澀，「果」子熟了

——劉小梅《雕像》讀後

謝輝煌

女詩人劉小梅，祖籍山東，一九五四年出生於台北市。輔大心理學系畢業，美國聖約翰大學亞洲研究所碩士。歸國後，任職中廣公司多年。著有散文、小說、詩、格言等十多種。曾獲國內外九個獎項。《雕像》是她的第四本詩集，收有近作五十三首(其中六首爲組詩)，分別輯爲「你的影子正向我走來」、「生活協奏曲」(組詩輯)及「如果我也成了一尊雕像」。卷前有張默、白靈兩詩家的評析和〈序〉，卷末是她的〈後記〉，交代了創作的背景：「聚焦於『雕像』，與過去純粹主觀的自我發抒顯有不同。它不僅透視內在，更放眼天下，關懷衆生，和他們一起寂寞，一起滄桑，一起走過這個時代。因爲外在環境提供了如此之『因』，方才結出如此之『果』……。」(摘錄)

詩有「興觀群怨」四面，而劉小梅的詩多在「怨」中。這個性向，應與她有著知識分子且傾心人間佛教的「放眼天下，關懷衆生」的使命感有關。這種使命感也就是她的人生理想。更由於她的職業及其他傳媒的關係，使她有更多機會接觸到人間的苦難、自私、盲目等現象，看到更多「比爛、鬥臭、顛倒黑白」的沉淪畫面，便益發助燃了她內心的關懷火苗，加速了她「和他們一起寂寞，一起滄桑，一起走過這個時代」的實踐關懷的步伐。只要外在的僞、醜、惡的魔影，擦撞到她的靈府，她就遏不住的要「情動於中」而「怨」，「應物斯感」而「詩」，甚至發出一語雙關的「天啊／何時你才得閒／爲他們修補／那張破碎的臉」（〈慟之二〉）的呼號，踏實她的「關懷」。而這，也就是她賴以創作的源頭活水（意識）了。

她關懷的，還有檳榔西施、清潔婦、修改衣服的婦人、豆漿店老闆、賣茶葉蛋的老榮民、修鐵窗的小弟、即將退休的技工、天天開會的主管、名人、托缽的和尚、諾貝爾熱、超級巨星凱蒂貓、膽戰心驚的收銀機，以及〈戲說書房〉裡的一大票古人、〈六百個空格〉中的社會現象、〈生活協奏曲〉裡的衆生相、〈慟〉中的地震災民和爛官刁民、〈並無不實的廣告〉裡的各色騙子，此外還有文學獎、批評家、緋聞八卦、減肥瘦身、菜價……等林林總總。她好像是個慈善機構，又好像是個監察院，連月亮也要關懷一下，如〈下弦〉：

月亮罹患了骨刺
痛得伸不直腰

我心疼地勸她
告假休養
她略爲沉思答道

找不到同事代班

這首詩寫一個職工，因職責所在，雖有病在身，卻因「找不到同事代班」，只好咬牙忍痛，如粉筆般繼續磨命（也許是詩人自己）。表面上看，似乎人情澆薄，充滿了無奈，實際上，一個專業性強的職務，如獨腳主播、編輯、會計，別人也心有餘而力不足。在工作不能停頓的事實要求下，一個負責的職工，絕不肯因爲病痛在身而丟下不管。這種「鞠躬盡瘁」的精神，不僅常見於職場、戰場，即使在一般家長及主婦身上，也常見其燦爛光輝，只是一般人常易忽略而已。詩人則發幽掘微，提醒大衆，在享受快樂生活的同時，別忘了那些「犧牲享受」的人。

綜觀所有關懷中的怨刺，除〈諾貝爾熱〉中的「狗伉儷」一句，較欠幽默風趣外，其餘都表現得莊諧並茂。在創作技巧上，口語化的明朗是她的特色，但不膚淺。而連珠炮似的排比格修辭，則成了習癖。雖有強烈的節奏感，但也有使人喘不過氣來的急迫感，最值得欣賞的，首推詩人能使止水揚波。〈今晚，一人獨處〉，以家中靜物作道具，竟熱鬧出一個「高朋滿座」，談笑風生，縱橫睥睨的場景。想像力的豐富，令人驚艷。其次是游刃有餘地大量運用聯想及「扭曲」（借代格）、「變形」（轉化格）等手法，使平凡事物，現成詞語，或冰冷的政經用語等，均能戛戛獨造出「出奇致勝」的意象，醒人耳目，沁人心脾。最後，是文意如山，明確堅定，展現了胸有城府（意識）的從容格局，使外在不成熟的「因子」（不完美的現實），一擦撞到城府的磚瓦，便產生出聲光成熟的「果子」來，梅子既熟，讀者在詩人「永不休耕」（後記標題）的宏願下，應有更多的戰果可享。

——曾刊於「文訊雜誌」一九七期

作者簡介：

謝輝煌先生，江西人，一九三一年生。在家鄉完成初中學業。來台後，考入聯勤通信兵學校，歷任載波台長、人事參謀官等職。中校退伍後，應聘金屬品冶製工業同業公會任編審，並兼理國貿業務。在軍中時期，因對文藝產生興趣，開始寫作，後受邀加入「葡萄園」詩社，擔任經理及編輯，現為新詩學會理事。著有散文《飛躍的響午》及新詩、傳統詩、札記、詩論等多種，散見海內外各大報刊雜誌。

詩，是抗憂鬱藥（後記）

不爲獎而寫，不爲紅而寫，不爲頭銜而寫，不爲稿費而寫，只爲寂寞而寫。不炫神來之筆，不刻意「後製作」雕琢，一切都是心情的反照。

這本詩，就這樣出爐了……

社會眞相不得公布，是政府要維護形象；戶內瑣細不得外揚，是爲遮掩家醜；個人隱私不得侵犯，是爲保障人身權益，然而這並不表示那些「角落」不存在於「豪宅」。因此，我們平常所見冠冕堂皇的偉人，可能也僅是個妝扮得光鮮亮麗的櫥窗「樣本」，至於他的人生幽微，旁人難窺其奧。他的生活只能由他自己去「過」，他的淚只能由他自己去流。詩人則不然，倘若他不以百分百的眞誠面對著作，絕不可能成爲千古讀者的知交，因爲他的苦難，也正是大家的苦難。詩人，不過是個「代言人」而已。

讀詩，就是「讀自己」。不論是否爲單身貴族，人生總有些許牽掛，讓你夜闌人靜睡不安枕。縱使你是達官巨賈，也很難不煩惱投資經營的績效。如果你也想趕搭自殺流行潮，何不試試先投入詩的懷抱。如果你一點也不迷詩，那是因爲你還未老……我寫詩，是因它是人生無助時，最好的抗憂鬱藥。

此書後添加了數篇「附錄」，那是前本詩集《雕像》所做發表會時，結識的可貴因緣。有的是我一向景仰的文壇大老，有的則是才華耀目的初識小友，他們在我「無求」的情況下，紛紛拔「筆」相助，眞是令人銘感五內，特此併入歷史一頁，深致謝忱。

更要感謝資深名詩人管管先生，以及中生代詩壇重鎭蕭蕭老師，在百忙中慨允賜序，他們兩位的詩作、詩論，早已縱橫詩壇，看來從此刻起，我的心勢必要「忐忑」到新書上市了。至於盡心盡力爲我出版的文史哲發行人彭正雄先生，和其他人員的鼎助，在此一併合什。

劉小梅　寫於竹軒　二〇〇二年五月五日